DIE FÄNGIGSTEN FLIEGEN

DIE FÄNGIGSTEN FLIEGEN

Frank Hecker/ Wolfgang Schulte

KOSMOS

INHALT

Nymphen

Streamer

Anhang

ZUM GEBRAUCH DIESES BUCHES

Mit Wathose und leichtem Gepäck ist man gut gerüstet für faszinierende Erlebnisse.

Fliegenfischen ist Faszination pur. Mit leichtem Gepäck sind wir auf der Pirsch an heimischen Gewässern oder an fremden Gestaden, unternehmen Entdeckungsreisen an Bach, Fluss, Teich, See und Meer. Zu Hause oder mitten in der Wildnis genießen wir das Erlebnis Natur und das Abenteuer Angeln – den Kapitalen auf der Spur. Das Angeln und Fliegenfischen erfordert angel- und gerätetechnisches Wissen, zugleich aber auch das Beobachten der Natur, also genaues Hinschauen: zum Beispiel welche Wasser-

und Landinsekten gerade schlüpfen, oder welche anderen Fischnährtiere bei den Fischen gerade »hoch im Kurs« stehen.
Fangerfolg und Beutemachen sind trotz des Faktors »Glück« oft eng verknüpft mit dem Entschlüsseln der kleinen »Geheimnisse und Rätsel« am Gewässer. Wer auf seinen Streifzügen das Gesehene umzusetzen weiß, kann entsprechend öfter mit Angelerfolgen aufwarten. Denn auch beim Fischen und insbesondere beim Fliegenfischen gilt die alte Regel »man sieht nur, was man weiß«. Die Kenntnis der Fischnährtiere und fängiger Fliegenmuster spielen dabei eine ganz besondere Rolle. In diesem kompakten Ratgeber für »Novizen und alte Hasen« wird eine überschaubare Auswahl unserer besten, erfolgreichsten Fliegen den natürlichen Vorbildern gegenüber gestellt. So finden Sie auf jeder Doppelseite links das natürliche Vorbild beschrieben in Biologie und Lebensweise, um das Erkennen der jeweiligen Insekten zu erleichtern. Auf der rechten Seite finden Sie dann den zugehörigen künstlichen Nachbau mit Tipps zum Binden und zur Umsetzung am Wasser.

KLEINE URSACHE – GROSSE WIRKUNG

Fliegenbinden – da tut sich eine neue Dimension des Fischens auf. Ein alter »Angelfuchs« pflegte zu sagen: »Die Welt besteht aus Bindematerial«. Seien Sie unbesorgt, wenn Sie vieles dennoch nicht gleich zur Hand haben, denn im Fachhandel ist das passende Material erhältlich. Folgendes benötigen Sie, um mit dem Fliegenbinden loslegen zu können: einen Fliegenbindestock, eine Kollektion Fliegenhaken, Bindefaden, Floss-Seidengarn, Marabou- und Hahnenfedern, Fasan- und Pfauenfedern, ein paar Wollreste und anderes Dubbing-Material zum Formen der Insektenkörper, Reh- und Dachshaar, Synthetikmaterialien für die Glitzereffekte (Krystal-Flash, Lureflash oder Flashabou etc.), Bindelack, ein paar Werkzeuge (z. B. scharfe, kleine Schere, Spulenhalter/Bobbin, Dubbing-Nadel) – und schon kann es losgehen mit dem Fliegenbinden. Für die so genannte Rippung ist auch noch ein Faden nötig, der den Körper in Segmente einteilt.
Ideal für die Praxis: Beobachtungen am Wasser kann man noch am gleichen Abend in top-fängige Fliegenmuster für den nächsten Fischzug umsetzen.

Wir haben es oftmals genau so gehalten und abends im Wirtshaus den Fischer-Stammtisch gleich zum Bindetisch umfunktioniert. Oft haben wir am nächsten Tag prächtige Fische mit den neu erbundenen Fliegen gelandet. Daher sollte man nie auf eine Angeltour oder Fliegenfischer-Reise gehen, ohne nicht wenigstens ein kleines Fliegenbindeset mit den wichtigsten Binde-Utensilien im Gepäck zu haben.

Bunte Kollektion fängiger Streamerfliegen

MIT ODER OHNE WIDERHAKEN

Original und Fälschung

Grundsätzlich ist es empfehlenswert, beim Fischen auf den Widerhaken zu verzichten. Fische, die wir nicht entnehmen wollen, lassen sich so weitaus schneller vom Haken lösen – teilweise ohne sie dazu aus dem Wasser nehmen zu müssen. Die empfindliche Schleimschicht und die Kiemen, deren feine Strukturen an der Luft Schaden nehmen können, werden geschont. Ferner dient das widerhakenlose Fischen auch in hohem Maße unserer eigenen Sicherheit. Wie schnell kann die Fliege »mit einem Schlag« im eigenen Fleisch oder in dem eines Mitfischers sitzen. Die Sache kann auch buchstäblich »ins Auge gehen«! Ich erinnere mich noch gut daran, wie sich ein Freund beim Lachsfischen in Norwegen mit einem starken Drillingshaken zwischen Daumen und Zeigefinger versehentlich selbst gehakt hatte. Einer der widerhakenbewährten Hakenschenkel war tief in seine Hand eingedrungen. Er zog sich den Haken mit schmerzverzerrter Miene durchs eigene Fleisch und danach knipste ein Mitfischer mit einem kleinen Seitenschneider die Spitze über dem Widerhaken ab, sodass sich der Hakenrest in Gegenrichtung leicht herausziehen ließ. Die Botschaft lautet daher: im Zweifelsfall besser widerhakenlos.

Die in diesem Buch abgebildeten Muster wurden teils ohne, teils mit Widerhaken abgebildet – gerade so, wie sie den Bindetisch verlassen hatten. Am Wasser sollte jeder selbst entscheiden, ob der Widerhaken wirklich erforderlich ist.

GROSSE MAIFLIEGE/SUBIMAGO

BIOLOGIE
Name Eintagsfliege *Ephemera danica, E. vulgata*
Vorkommen Bäche, Flüsse und Seen
Merkmale 3 fadenförmige Anhänge am Körperende, 11–28 mm lang
Flugzeit Mai und Juni

Namensgebend für die Eintagsfliegen, wie die Maifliege, ist die kurze Lebensdauer der eigentlichen Flugtiere, die nur wenige Tage beträgt. Ihr Leben ist eng ans Wasser gebunden: Die ausgewachsenen Tiere leben in Gewässernähe und legen ihre Eier ins Wasser. Aus ihnen schlüpfen Larven, die sich am Gewässergrund entwickeln und wachsen. Dann steigen sie auf und häuten sich an der Wasseroberfläche zu einem Jugendstadium: der geflügelten Subimago, Fliegenfischer nennen sie aus dem Englischen kommend auch »Dun«. Während des Schlupfvorganges sind die Subimagines eine begehrte und leichte Beute für Fische.

Die Bürzel-Maifliege

Der Schwanz wird mit dem Bindefaden nach der Grundwicklung auf dem Hakenschenkel vor dem Hakenbogen durch einen kleinen Knubbel geformt, die davor festgelegten Dachshaar-Grannen spreizen sich unter Zug darüber v-förmig auf. Die Entenbürzelfedern werden v-förmig auseinander stehend eingebunden und in Flügelform eingeschnitten. Der Kopf wird mit schwarzem Bindelack gesichert.

MATERIAL

Haken: langschenklig, Größe 8–10
Faden: schwarz
Schwanz: Dachshaar
Flügel: 2 naturgraue Entenbürzelfedern
Körper: helles Bisam-Dubbing
Kopf: schwarz

GROSSE MAIFLIEGE/IMAGO

BIOLOGIE
Name Eintagsfliege *Ephemera danica, E. vulgata*
Vorkommen Bäche, Flüsse und Seen
Merkmale 3 lange, fadenförmige Anhänge am Körperende, 11–28 mm lang, Flügel braun gefleckt
Flugzeit Mai–September

Tanzend fliegen die Männchen in den Nachmittags- und Abendstunden in Schwärmen am Gewässer und warten auf die Weibchen. Diese werden von einem Männchen ergriffen und begattet. Kurz darauf fliegt das Weibchen dicht über dem Wasser und taucht dabei ihren Hinterleib wiederholt kurz ins Wasser ein, um so die Eier abzustreifen. Dabei läuft die Eintagsfliege Gefahr, von einem aufmerksamen Fisch geschnappt zu werden. Nach der Eiablage fallen die Tiere erschöpft aufs Wasser, zappeln dort noch eine Weile, um schließlich zu sterben. Hungrigen Fischmäulern ist dies ein willkommener Happen.

Die Bast-Maifliege

Der Bast wird vorher in Wasser eingeweicht, um beim Umwinden des Hakens einen konischen Körper zu formen. Der Kopf wird mit schwarzem Bindelack gesichert.

Dem Maifliegenkörper kommt eine besondere fang- und bindetaktische Bedeutung zu. Bei dieser Fliege wird der Körper durch beige-naturfarbenen Bast imitiert. Das Bastmaterial verfügt über ideale, der Farbe und Oberfläche des Maifliegen-Hinterleibes nahe kommende Eigenschaften.

MATERIAL

Haken: langschenklig, Größe 8–10
Faden: schwarz
Schwanz: Fasanenfibern
Rippung: schwarzer Bindefaden
Körper: naturfarbener beiger Bast
Flügel: 2 Grizzly-Hahnenfederspitzen
Hechel: sandfarbene, hellbraune oder olive Hahnenfeder
Kopf: schwarz

BRÄUNLICHE KÖCHERFLIEGE

BIOLOGIE
Name *Trichoptera*
Vorkommen alle Gewässertypen
Merkmale schmaler Körper, Flügel über Hinterleib zusammengelegt
Flugzeit April–Oktober

Mit einigen Hundert Arten sind Köcherfliegen an nahezu allen Gewässertypen unserer Breiten zu finden. Tagsüber sitzen die Tiere meist versteckt in der Ufervegetation. Zur Abenddämmerung werden sie dann aktiv und fliegen flatternd am und über dem Wasser umher. Paarung und Eiablage erfolgen abends oder nachts. Einige Arten legen ihre Eier auf der Wasseroberfläche sitzend ab, andere tauchen dazu sogar ab, um die Eier am Gewässergrund an Steine anzukleben. Hierbei, sowie beim anschließenden Aufsteigen werden sie zur leichten und begehrten Beute so mancher Fische.

Die Balloon Caddis

Diese Fliege muss schwimmen, daher wird Body-Float-Material in 3–4 mm breite Streifen geschnitten, vorne fixiert und umgelegt. So wird eine Halbkugel gebildet, festgebunden und zum Schluss mit Lack fixiert. Dieses schwimmfähige Köcherfliegen-Muster hat sich beim Salmonidenfischen weltweit bewährt, u. a. beim abendlichen Forellenfischen. Wo in Nordamerika kalte Bäche in Seen einmünden, erlebt man im Sommer mit der Balloon Caddis eine fantastische Fischerei: In Yukon-Kanada und Alaska nehmen dann Arktische Äschen etc. diese Fliege zeitweise »like crazy«. In Mitteleuropa kann sie auch als Springerfliege an einem Seitenarm vor der Nymphe überaus erfolgreich sein.

MATERIAL

Haken: Größe 8–14
Faden: gelb oder schwarz
Flügel: Rehhaar (vom Winterfell)
Körper: Grundwicklung (gelb) oder gelbes Dubbing-Material bzw. Bisam
Kopf: gelbes oder schwarzes Body-Float

GELBLICHE KÖCHERFLIEGE

BIOLOGIE
Name *Trichoptera*
Vorkommen alle Gewässertypen
Merkmale schmaler Körper, Flügel über Hinterleib zusammengelegt
Flugzeit April–Oktober

Den Großteil ihres Lebens verbringen Köcherfliegen als im Wasser lebende Larven und Puppen. Die Verwandlung zur flugfähigen Imago erfolgt auf unterschiedliche Weise, ist aber stets ein für das Insekt gefährliches und für aufmerksame Fische günstiges Unterfangen. Etliche Arten sind nach dem Schlupf aus der Puppenhülle noch nicht flugfähig und versuchen, sich auf der Wasseroberfläche laufend zum Ufer zu retten. Die meisten heimischen Arten schlüpfen nachts oder spät abends, oft in riesigen Schwärmen. Ein derartiges Massenschlüpfen kann zeitlich auf 30–60 Minuten beschränkt sein und lockt viele hungrige Mäuler an.

Die Gelbe Bürzel-Sedge

Die Flügel werden flach über den Körper gestrichen und dann gestutzt und der Kopf mit Lack gesichert.

An vielen Gewässern erfolgreich, insbesondere an Urgesteins-Flüssen/-bächen, die sich in Schiefer, Sandstein und Grauwacke etc. eingeschnitten haben. Wenn kleine Köcherfliegen oder mittelgroße (helle) Eintagsfliegen schlüpfen, ist diese Fliege der ideale Köder. Auf Forellen ist die Fliege teils sehr erfolgreich als »Suchfliege« in kleinen Fließgewässern, z. B. um erfolgversprechende Standplätze »abzuklopfen«.

MATERIAL

Haken: Größe 12–16
Faden: gelb
Körper: gelbe Wolle
Flügel: naturgraue Entelbürzelfedern
Hechel: Grizzly-Hahnenfeder
Kopf: gelb oder grau

STEINFLIEGE

BIOLOGIE
Name *Uferfliege Plecoptera*
Vorkommen Bäche und Flüsse
Merkmale Flügel flach über dem Körper zusammengelegt, 2 Schwanzfäden
Flugzeit Februar–November

Die Larven der Steinfliegen leben im Wasser, die Umwandlung zum flugfähigen Erwachsenenstadium erfolgt außerhalb des Wassers. Nach der Paarung legen die Weibchen ihre Eier ins Wasser ab. Einige fliegen dazu dicht über der Oberfläche und dippen ihren Hinterleib ins Wasser, andere lassen sich dabei auf dem Wasser treiben, wieder andere tauchen ab. Da Steinfliegen recht unbeholfene Flieger sind, kann sie schon eine Windböe über dem Wasser abstürzen lassen. Diese verunglückten Tiere, sowie die Eier legenden Weibchen sind an vielen Bächen und Flüssen eine wichtige Fischbeute, und gerne werden deren Nachbildungen genommen.

Steinfliege

Große Muster erfordern eine dicht-buschige Bindeweise der Hechel. Der Kopf wird mit Lack gesichert.

Steinfliegen spielen an vielen Gewässern beim Fliegenfischen eine wichtige Rolle, weshalb ein probates Steinfliegen-Muster in der Auswahl nicht fehlen darf. Beeindruckend ist die Riesensteinfliege – quasi der Titane unter den Wasserinsekten.

MATERIAL

Haken: Größe 12–16 oder 4–6, langschenklig
Faden: schwarz
Schwanz: 2 Federkielabschnitte
Körper: Grizzly-Hahnenhechel, schwarzes Body-Float oder Floss
Flügel: schwarzgraue Gänsefeder
Hechel: Grizzly-Hahnenfeder
Kopf: schwarz

BREITFLÜGELIGE EINTAGSFLIEGE

BIOLOGIE
Name Eintagsfliege *Caenis*
Vorkommen stehende und fließende Gewässer
Merkmale klein 3–8 mm, weiß-lich, Hinterflügel fehlen, 3 Schwanzfäden
Flugzeit Juni–Oktober

Insbesondere an schönen Sommertagen tanzen Männchen und Weibchen gemeinsam in dichten Schwärmen über dem Gewässer. Hierbei finden sich die Partner und es kommt zur Fortpflanzung mit anschließender Eiablage der Weibchen. Diese Eintagsfliegen-Art wird ihrem Namen gerecht, verstirbt sie doch noch am gleichen Tag, an dem sie aus der Larve geschlüpft ist. Erschöpfte und bereits abgestorbene Tiere treiben dann oft massenhaft auf der Wasseroberfläche, wo sie sich von unten gesehen – also aus der Sicht der Fische – durch ihre weißliche Färbung hervorragend gegen den dunklen Abend- und Nachthimmel abheben.

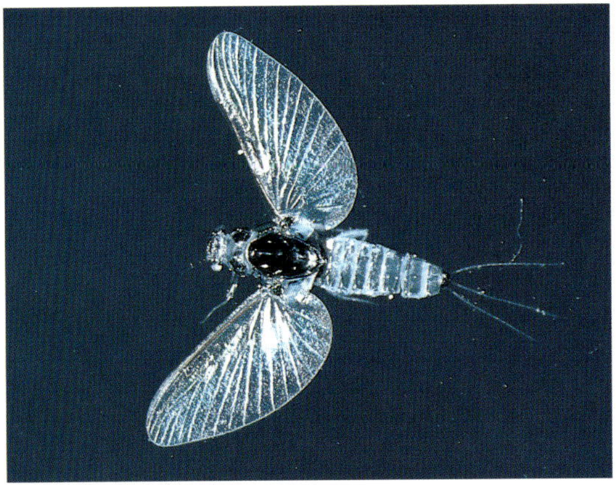

Die »Weiße Motte«

Die »Weiße Motte« imitiert weder Motten noch Kleinschmetterlinge, sondern diverse Eintagsfliegen. Sie wird vor allem wegen ihrer guten Sichtbarkeit (zumeist in der Größe 16, in der Maifliegenzeit in Größe 12) gerne im letzten Licht bis in die Dunkelheit hinein gefischt. Wenn an der Oberfläche bis in die Nacht hinein Ring auf Ring erscheint und die Fische weiter steigen, dann kann man mit diesem weißen Abend-Muster im Dunklen manchen schönen Fang landen.

MATERIAL

Haken: Größe 12–16
Faden: weiß
Schwanz: weiße Hahnenhechelfibern
Rippung: feines flaches Silbertinsel
Körper: weißes Floss
Flügel: weiße Gänsefedersegmente
Hechel: weiße Hahnenfeder
Kopf: weiß

DUNKELOLIVE EINTAGSFLIEGE

BIOLOGIE
Name Eintagsfliege *Baetis rhodani*
Vorkommen Fließgewässer
Merkmale braun, Flügel durchsichtig, nur 2 lange Schwanzfäden
Flugzeit März–November, aber auch im Winter

Die Larven dieser Art schlüpfen bereits ab Anfang März und zählen so zu den ersten Fluginsekten am Gewässer. Entsprechend gierig werden sie nach dem Winter von den Forellen erwartet. Die Art fliegt vor allem in der Dämmerung. In diesem Zusammenhang sind die Augen der Männchen bemerkenswert: Sie besitzen neben den normalen Augen noch senkrecht nach oben gerichtete so genannte »Turbanaugen«. Sie dienen dem Dämmerungssehen und erleichtern den Männchen das Auffinden paarungsbereiter Weibchen nach Sonnenuntergang.

Bürzel-Fliegen

Mit dem Bindefaden einen schlanken Insekten-Körper formen und die Hahnenfibern spärlich als Schwanz einbinden. Die als Flügel eingebundenen Entenbürzelfedern stutzen.

Der Verzicht auf einen buschigen Hechelkranz ergibt ein naturnahes Erscheinungsbild, was beim Angeln auf selektive und vorsichtige Fische von großem Vorteil ist. Unser »Bürzel-Aufsteiger« fischt, eingesunken in den Oberflächenfilm, vor allem in der Dämmerung bis in die Nacht hinein enorm gut.

Bürzel-Fliege links, Aufsteiger rechts

Die Bürzel-Fliege

MATERIAL

Haken: Größe 14–18
Faden: gelb, beige, orange oder rot
Schwanz: Grizzly-Hahnenfibern
Flügel: cremefarbene oder hellgraue Entenbürzelfedern
Kopf: mit Bindelack sichern

Der Bürzel-Aufsteiger

MATERIAL

Haken: Größe 16–22, teils auch größer (12,14)
Faden: schwarz
Schwanz: braune Hahnenhechelfibern
Körper: schwarzer Bindefaden
Flügel: naturgraue Entenbürzelfedern
Kopf: schwarz

SCHLÜPFENDE EINTAGSFLIEGE

BIOLOGIE
Name Eintagsfliege *Ephemera danica, E. vulgata*
Vorkommen Bäche, Flüsse und Seen
Merkmale 3 fadenförmige Anhänge am Körperende, Subimago mit milchigen Flügeln
Flugzeit Mai und Juni

Vor dem Schlupf hat sich unter der Larvenhaut der Körper des geflügelten Insektes ausgebildet. Zwischen den beiden Hautschichten sammelt sich nun Luft an, die schließlich zum Auftrieb der schlupfbereiten Larve an die Wasseroberfläche führt. Hier platzt die Körperhaut auf und die flugfähige Eintagsfliege kriecht aus ihrer Hülle. Dieser Schlüpfvorgang, sowie das Entfalten und Aushärten der Flügel, dauert meist höchstens 1 Minute – eine Zeit, in der das Tier völlig wehrlos und bewegungsunfähig an der Wasseroberfläche hängt und leichte Beute für aufmerksame Fische werden kann.

Die Stillborn

Der Schwanz wird spärlich aus hellbraunen Hahnenfederfibern gebunden. Am Körper wird das Antron über dem rundlich gebundenen Thorax etwas herausstehen lassen und gestutzt. Der Kopf wird mit schwarzem Bindelack gesichert.

Unsere »Totgeborene« oder »Stillborn« imitiert eine nicht ganz vollständig geschlüpfte kleine Eintagsfliege, die hilflos im Oberflächenfilm abtreibt. Eines Abends beobachteten wir mehrere große Fische, die an der Oberfläche stetig patrouillierten und dabei Driftnahrung aufnahmen. Ein Wurf mit der »Stillborn-Dun« und eine kapitale Regenbogenforelle konnte gelandet werden.

MATERIAL

Haken: Größe 16, 18
Faden: gelb
Schwanz: hellbraune Hahnenfederfibern, spärlich
Rippung: gelber Bindefaden oder gelbes Floss
Körper: olivgrünes Antron
Flügel: Stummelflügel aus gestutzter brauner Hahnenfeder
Kopf: schwarz

ZUCKMÜCKE

BIOLOGIE
Name *Chironomidae*
Vorkommen alle Gewässertypen
Merkmale Männchen mit buschigen Fühlern
Flugzeit hauptsächlich Frühling, einige auch im Sommer und Herbst

Die Lebensdauer der erwachsenen Zuckmücken beträgt nur 1–4 Tage, den größten Teil ihres Lebens verbringen die Tiere als Ei, Larve und Puppe unter Wasser. Zuckmücken schwärmen meist in der Morgen- und Abenddämmerung, selten sieht man sie nach Sonnenaufgang und in der Nacht. Dabei tanzen die Männchen oft in riesigen Schwärmen, einfliegende Weibchen werden sofort begattet. Sowohl die Larven als auch die Puppen und die Mücken selbst sind begehrte Beute so mancher Fischarten. Insbesondere beim Schlupf an der Wasseroberfläche sind die Imagines für kurze Zeit hilflos.

Die Midge

Bisweilen trifft man am Fischwasser auf »midgende« Fische. Sie steigen unablässig auf nahezu unsichtbare Insekten, die in der Drift über ihnen hinwegtreiben. Wohl dem, der in dieser Situation einige Midges in der Fliegendose hat! Man braucht feinstes Vorfachmaterial zum Anbieten – aber der Lohn der Midge-Angelei sind unvergessliche Fangerlebnisse. Gerne erinnert man sich an erlebnisreiche Abende in der Fränkischen Schweiz: Toll, wenn eine starke Rotgetupfte auf unsere winzige, cremefarbene »Midge« steigt, die Fliege einsaugt – und nach dem gefühlvollen Anhieb dann der »Tanz« beginnt.

MATERIAL

Haken: Größe 20, 22
Faden: weiß oder grau
Schwanz: feine Hahnenhechelfibern
Körper: feinstes helles (weißlich-cremefarbenes oder graues) Dubbing
Hechel: kleine weiße oder graue Hahnenhechel
Kopf: mit einer Bindelack sichern

MÄRZFLIEGE/HAARMÜCKE

BIOLOGIE
Name *Bibionidae*
Bibio marci
Vorkommen häufig in Gewässernähe
Merkmale fliegenähnliche Mücke, glänzend schwarz
Flugzeit März–Mai

Bereits im März, wenn noch nicht viele Fluginsekten unterwegs sind, kann man bei schönem Wetter schwerfällig dahinfliegende Mücken beobachten, die im Aussehen an eine Fliege erinnern: die Märzfliegen. Diese Art tritt

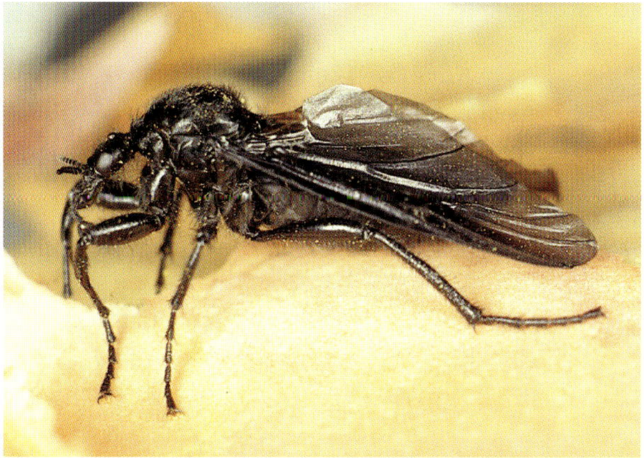

oft massenhaft auf, gerne auch in Gewässernähe. Da sie relativ plumpe und schlechte Flieger sind, kann schon ein Windstoß ausreichen, um sie aufs Wasser zu drücken. Auf der Wasseroberfläche treiben sie dann hilflos umher, bis sie von einem aufmerksamen Fisch bemerkt werden.

Die Spärliche Hexe

Die Pfauenfiber des Körpers wird mit Bindefaden überwickelt, um einen schlanken Körper zu erzeugen. Die Hechel wird spärlich mit höchstens 3 Windungen der Grizzly-Hahnenfeder gewickelt.

Landinsekten bilden zeitweise einen nicht zu unterschätzenden Anteil der Driftnahrung. Aus diesem Grund haben sich Muster mit schillerndem Pfauengraskörper von jeher durchsetzen können. Durch eine schlanke und spärliche Bindeweise können sie ein breites Insektenspektrum (wie Ameisen, Fliegen, Käfer u. andere Landinsekten sowie Eintagsfliegen) imitieren.

MATERIAL

Haken: Größe 16–20

Faden: schwarz, fein

Schwanz: rote, orange oder gelbe Wolle

Körper: Pfauenfiber

Hechel: Grizzly-Hahnenfeder

Kopf: schwarz

WEICHKÄFER/SOLDATENKÄFER

BIOLOGIE
Name *Cantharis* und *Rhagonycha*-Arten
Vorkommen Wiesen, Buschland, Waldränder
Merkmale weichhäutiger, schlanker Käfer. Oft auffällig rötlich, schwarz oder orange
Flugzeit Mai–August

Ihre oft leuchtenden Farben erinnern ein wenig an Uniformen vergangener Zeiten und führten wohl zu dem Namen Soldatenkäfer. Man findet die Käfer in nahezu allen Lebensräumen, wo sie sich bevorzugt auf Blüten versammeln. Nicht selten werden die Käfer durch Wind auf die Wasseroberfläche geblasen, oder verunglücken aus irgendeinem anderen Grund im Flug über dem Wasser. Ein ähnliches Schicksal ereilt zahllose andere Insekten-Arten. Mit zappelnden Ruderbewegungen versuchen sie dann das Ufer zu erreichen, ziehen dabei aber auch die Aufmerksamkeit der Fische auf sich.

Das Orscherl

Vor dem Hakenbogen wird mit dem orangen Bindefaden oder Floss (Orange) ein kleiner »Endknubbel« gewickelt. Am Körper wird die Pfauenfiber, mit der Körperhechel gesichert. Mit Bindefaden oder Floss wird der Kopf geformt und mit Bindelack gesichert. Man kann das »Orscherl« mit dem orangen Hinterteil etwas spärlicher binden, oder – wie das Original – eher buschig-behechelt im so genannten Palmerstil. Unser Urteil: eine enorm fängige Landinsekten-Imitation!

MATERIAL

Haken: Größe 12–18
Faden: weiß
Tag: orangener Bindefaden oder Floss
Schwanz: hellbraune Hahnnenfederfibern
Körper-Hechel: braune oder als Variante Grizzly-Hahnenfeder
Körper: Pfauenfiber
Kopf: Bindefaden oder orangenes Floss

GRÜNER KÄFER

BIOLOGIE
Name diverse Rüssel- oder Blattkäfer- Arten
Vorkommen alle Lebensräume, gerne in Gewässernähe
Merkmale relativ kleine (4–10 mm) Käfer
Flugzeit Frühjahr–Herbst

Landinsekten verschiedenster Größen, Farben und Formen fallen regelmäßig in beträchtlichen Zahlen ins Wasser, wo sie für eine gewisse Zeit recht hilflos im Oberflächenfilm gefangen sind und versuchen, sich unter heftigen Bewegungen ans Ufer zu retten. Ob es nun Ameisen, Heuschrecken, Käfer, Libellen, Fliegen oder Spinnen sind, sie machen einen oft erheblichen Teil der Anflugnahrung unserer Fische aus. Kleine grüne Käfer spielen da häufig eine besonders wichtige Rolle, da sie in großen Mengen an Pflanzen in Gewässernähe vorkommen.

Rüsselkäfer bei der Paarung.

Der Green Beetle

Den kleinen »Grünen Käfer« haben wir an den Ufern eines Eifler Urgesteinsflüsschens in der Fliegendose eines niederländischen Fliegenfischers entdeckt, nachgebunden und nach besten Erfolgen an

sommerlichen Angeltagen (mit hohem Anteil von Landinsekten in der Driftnahrung) als überaus empfehlenswert eingestuft – mindestens für die Fischerei auf Äschen und Forellen in dicht mit Ufergehölzen bestandenen, nahrungsärmeren Fließgewässern.

MATERIAL

Haken: Größe 14–18

Faden: gelb oder hellbraun

Körper: hellgrüner Dubbing-»Knubbel«

Kopf: mit Bindelack sichern

BIOLOGIE
Name Eintagsfliege *Rhitrogena*-Arten
Vorkommen schnell fließende Bäche und Flüsse
Merkmale 2 lange Schwanzfäden am Hinterleib
Flugzeit März–September

Die Eintagsfliegen aus der Gattung *Rhitrogena* schlüpfen auf der offenen Wasseroberfläche und sind von daher aus Sicht der Fliegenfischer von besonderer Bedeutung. Meist konzentriert sich der Schlupf einer bestimmten Art auf wenige Wochen im Jahr. Auch die tägliche Schlupfzeit ist häufig auf etwa 1 Stunde zusammengedrängt, eine Zeit, in der sich insbesondere Forellen und Äschen voll auf den Erwerb der leichten Beute einstellen. Die Weibchen legen ihre Eier im Wasser ab, danach sterben die entkräfteten Tiere und treiben mit der Strömung davon. Es sei denn, sie werden von einem Fisch bemerkt.

Die »Märzbraune«

Die »Märzbraune« gehört besonders im Frühjahr zu den hoch aktuellen Standard-Nassfliegen. Sie hat sich an unterschiedlichsten Gewässern und Gewässerpartien schon seit alters her bewährt. Insbesondere an Rieselstrecken im zeitigen Frühjahr z. B. an der Trockenschnur gefischt, ist schon so manche prächtige Fario (Bachforelle) auf die »Märzbraune« hereingefallen.

MATERIAL

Haken: Größe 12, 14, starkdrahtig
Faden: schwarz
Schwanz: braune Summer Duck
Rippung: gelbes Floss
Körper: graue Wolle oder feines graues Dubbing
Hechel: braunes Rebhuhn
Kopf: schwarz, mit Lack sichern

EINTAGSFLIEGENLARVE

BIOLOGIE
Name *Epheme-roptera*
Vorkommen alle Gewässertypen
Merkmale
3 Schwanzfäden, Kiemenblättchen an den Seiten des Hinterleibes
Zeit ganzjährig

Den Großteil ihres Lebens verbringen Eintagsfliegen als Larve unter Wasser. Nach ihrer Lebensweise unterscheiden wir verschiedene Typen: Grabende Formen leben in stehenden oder langsam fließenden Gewässern und sind meist im Sediment verborgen. In schnell fließenden Bächen sind es abgeplattete Larven, die unter Steinen leben und so Schutz vor Verdriftung suchen. Kriechende Formen finden wir auf dem Grund und zwischen Wasserpflanzen. Frei schwimmende Larven schließlich können sich mit Hilfe von Schwimmborsten im Wasser bewegen. Sie sind für den Fliegenfischer von besonderem Interesse, da sie zum wichtigen Bestandteil der Fischnahrung gehören.

Die »Ritz-D«

Die Beschwerung erfolgt im vorderen Drittel. Am Körper werden Pfauenfibern bis zur Körperhälfte eingebunden, dann Fasanenfederfibern über die Drahtwicklung legen, am Kopf einbinden und mit Bindelack sichern.

Nymphende Fische sind eine Augenweide! Vorsichtig stromauf angeworfen, kann man mit etwas Glück verfolgen, wie z. B. eine schöne Bachforelle unsere »Ritz-D«-Nymphe in einer geschmeidigen Seitwärtsdrift nimmt. Dann wird die Rute angehoben und Sekundenbruchteile später ist der Fisch eventuell schon im Drill.

MATERIAL

Haken: Größe 14, 16
Faden: schwarz
Beschwerung: Messing- oder Kupferdraht
Schwanz: Fasanenfederfibern
Körper: Pfauenfiber, Fasanenfederfibern

KÖCHERFLIEGENLARVE OHNE KÖCHER

BIOLOGIE
Name z. B. Hydropsyche-Arten (Wassergeistchen) *Trichoptera*
Vorkommen Fließgewässer
Merkmale 12–20 mm lang, an Unterseite des Hinterleibes büschelförmige Kiemen
Zeit ganzjährig

Köcherfliegen durchleben im Wasser die Stadien Ei, Larve und Puppe, um schließlich als geflügeltes Insekt zu schlüpfen. Man unterscheidet bei den Larven der Köcherfliegen grob nach zwei Lebensweisen: Die einen bauen sich aus unterschiedlichstem Material einen Köcher, in dem sie leben. Die anderen streifen frei umher und bauen sich Wohnröhren und Fangnetze, mit denen sie das Wasser nach Essbarem durchsieben. Insbesondere die Wassergeistchen (Hydropsyche-Arten) kommen ganzjährig in großer Zahl am Gewässergrund vor und stellen eine wichtige Nahrung für etliche Fisch-Arten dar.

Die Gacka-Nymphe

Zwei Drittel des Körpers bestehen aus heller Wolle. 10 Fasanenfibern einbinden, mit 2 Pfauenfibern den Thorax formen. Dann die Fasanenfibern als Flügelgehäuse darüber legen, am Kopf einbinden und mit Lack sichern.

Das Muster ist einfach zu binden und zugleich hocheffektiv. Forellen, Äschen aber z. B. auch Weißfische lassen sich in unterschiedlichsten Gewässern von dieser Nymphe überzeugen. In Mischgewässern, wie der Sieg (Rheinzufluss nahe Bonn), ist diese Nymphe u. a. probat zum Fang von Rotaugen und teils auch von prächtigen Barben.

MATERIAL

Haken: Größe 8–12
Faden: schwarz
Beschwerung: feiner bis mittelstarker Bleidraht, körperlang
Rippung: schwarzer, nicht zu feiner Bindefaden
Körper: hellbeige Wolle, 10 Fasanenfibern, 2 Pfauenfibern
Kopf: schwarz

KÖCHERFLIEGENLARVE MIT KÖCHER

BIOLOGIE
Name *Trichoptera*
Vorkommen verschiedene Gewässertypen
Merkmale raupenförmige Larven in Köcher
Zeit ganzjährig

Die meisten Köcherfliegenlarven spinnen sich einen Seidenköcher, den sie auf kunstvolle Weise durch Ankleben von Steinchen, Sand, Pflanzenteilen, kleinen Schneckengehäusen und dergleichen von außen belegen. Diesen Köcher tragen sie ständig mit sich umher, bei Gefahr können sie sich vollständig in ihn zurückziehen.

Neben einer schützenden Behausung stellen die Köcher auch eine hervorragende Tarnung dar. Sobald sich allerdings das »Häufchen Sand« oder das »Pflanzenbüschel« anfängt zu bewegen, ist es damit vorbei, und ein aufmerksamer Fisch wird sich nicht scheuen, das Häuschen samt Bewohner zu schlucken.

Die Goldkopf-Nymphe

Am Körper über der Grundwicklung körperlang mit Bleidraht oder dünnem Lötdraht umwinden. Darüber rotbraune Wolle oder braungraues Dubbing-Material winden, hinter der Perle festlegen und mit Lack sichern.

Die Goldkopf-Nymphe ist ein überaus probates Muster, wenn es um das systematische »Abklopfen« tiefer Gumpen und Rinnen geht. Sie wird z. B. stromauf eingeworfen und kann mittels Schwimmschnur in kleinen »Hüpfern« grundnah geführt werden.

MATERIAL

Haken: Größe 8–10, starkdrahtig
Faden: schwarz
Beschwerung: Messing-Perle aufschieben
Rippung: Kupferdraht (wahlweise, kann auch entfallen)
Körper: Bleidraht oder dünner Lötdraht, rotbraune Wolle oder braungraues Dubbing-Material

KLEINLIBELLENLARVE

BIOLOGIE
Name verschiedene Kleinlibellen-Arten; *Zygoptera*
Vorkommen verschiedene Gewässertypen
Merkmale 3 blattförmige Schwanzanhänge (Tracheenkiemen)
Zeit ganzjährig

Sämtliche Libellenlarven ernähren sich räuberisch und lauern zwischen Wasserpflanzen oder halb im Schlamm vergraben auf Beute. Kleinlibellen-Larven können außerdem durch Schlängelbewegungen schwimmen, wobei ihnen die Kiemenplättchen am Hinterleib als Ruder dienen. Sie bilden einen wichtigen Bestandteil der Fischnahrung, insbesondere dann, wenn der Schlupf naht. Dazu klettern die Larven an Pflanzenstängeln oder anderen Gegenständen aus dem Wasser, um ihre Larvenhülle zu verlassen und ein Leben als Fluginsekt zu beginnen.

Die Universal-Nymphe

Nach der Grundwicklung den Körper mit Fasanenfibern umwinden, dann mit Kupferdraht rippen. Schwarzes Seehundhaar (Seal Dubbing) rundum einbinden, Faden hinter der Kopfperle festlegen und mit etwas Lack sichern.

Die Nymphe fischt auch gut im »Doppelpack«: eine kleine Universal-Nymphe (Gr. 16) als Springer und eine größere (Gr. 8–10) als Endfliege oder »tailfly«.

MATERIAL

Haken: langschenklig, Größe 8–10 sowie in Größe 14–16
Faden: schwarz
Beschwerung: Messing-Perle bzw. goldene Plastikperle
Schwanz: Fasanenfibern
Rippung: Kupferdraht
Körper: Fasanenfibern
Hechel: schwarzes Seehundhaar

STEINFLIEGENLARVE

BIOLOGIE
Name *Plecoptera*
Vorkommen schnell fließende Bäche, selten in Flüssen und Seen
Merkmale abgeflachter Körper, 2 Schwanzanhänge am Hinterleib
Zeit ganzjährig

Meist halten sich die Larven der Steinfliegen an der Unterseite oder der Strömung abgewandten Seite von Steinen auf. Dies gewährt ihnen Schutz vor unbeabsichtigter Verdriftung durch die oft starke Strömung in ihren Wohngewässern. Die Entwicklungszeit größerer Arten kann bis zu 3 Jahren dauern, erst dann kriechen die Tiere an Land, um in einer letzten Häutung zur erwachsenen Steinfliege zu schlüpfen. Trotz ihrer versteckten Lebensweise werden Steinfliegenlarven regelmäßig von der starken Wasserströmung mitgerissen. Gerade dann spielen sie eine wichtige Rolle als Beute für Fische.

Die Steinfliegen-Nymphe

Am Schwanz die Fasanenfiber-Spitzen festlegen, den Rest nicht abschneiden. Am Körper die schwarze oder dunkelbraune Wolle leicht konisch formen, mit der Hechel umwinden, den Rest der Fasanenfibern über den Körper legen und am Kopf fixieren.

Diese Nymphe stellt im zeitigen Frühjahr für hungrige Forellen einen recht üppigen Happen dar. In den Kreidebächen des Voralpenlandes grundnah driftend gefischt oder bei hohem, angetrübtem Wasser ist

dieses Muster wegen seiner dunklen, für die Fische gut sichtbaren Silhouette, die Nymphe der Wahl. Auch beim Heranziehen sollte man stets noch mit Bissen rechnen, denn diese Nymphe wird bisweilen wie ein Klein-Streamer vehement attackiert!

MATERIAL

Haken: langschenklig, starkdrahtig, Größe 8–10

Faden: schwarz

Schwanz: Fasanenfiber-Spitzen festlegen

Beschwerung: mittelstarker Bleidraht, körperlang

Körperhechel: Grizzly-Hahnenfeder

Körper: schwarze Wolle

Kopf: schwarz

GROSSE MAIFLIEGENLARVE

BIOLOGIE
Name Eintagsfliege *Ephemera danica*, *E. vulgata*
Vorkommen Bäche, Flüsse und Seen
Merkmale bis 23 mm lang, am Hinterende 3 Schwanzfäden
Zeit ganzjährig

Die Larven der Maifliege leben etwa 2 Jahre lang eingegraben in schlammigen oder fein sandigen Bereichen des Gewässergrundes. Hier sind sie für Fische kaum erreichbar. Spannend wird es, wenn ihre Zeit gekommen ist, sich zur flugfähigen Eintagsfliege zu verwandeln. Die Larven verlassen ihren Schlupfwinkel, um dem Licht entgegen an die Wasseroberfläche zu schwimmen. Ihr unruhiges Verhalten kurz vor und während des Schlüpfens, das schlängelnd-schwimmende Aufsteigen und die anschließenden Schlüpfbewegungen sind es, die die Aufmerksamkeit der Forellen und Äschen auf sich ziehen.

Die Preska-Nymphe

Schwanz und Körperabdeckung, bestehend aus naturfarbenen hellen Summer-Duck-Fibern, zuerst am Hakenöhr fixieren, dann am Hakenende festlegen und umwinden. Den Kopf mit Bindelack sichern.

In der Maifliegenzeit an den Kreideflüssen oder auf irischen (Kreide-) Seen beim Nassfliegenfischen im Mai–Juni als »tailfly« ein effektives Muster, welches die aufgestiegene Maifliegenlarve bzw. die Phase des Ausschlüpfens der Maifliegen imitiert. Eine dem letztgenannten Vorgang entsprechende, leicht zitternde Bewegung der Fliege, müssen wir der Nymphe mit leicht vibrierender Rutenhand dann nur noch »einhauchen«.

MATERIAL

Haken: Größe 10–12, langschenklig
Faden: schwarz
Körper: orange Wolle
Schwanz und Körperabdeckung: helle Summer-Duck-Fibern
Hechel: gelbolive Summer Duck
Kopf: schwarz

BACH-FLOHKREBS

BIOLOGIE
Name *Gammarus* – Arten *Amphipoda*
Vorkommen alle Gewässertypen
Merkmale oft in Seitenlage und gekrümmt, bis etwa 20 mm lang
Zeit ganzjährig

Flohkrebse leben zwischen Wasserpflanzen und unter hohl aufliegenden Steinen. Oft sieht man die Tierchen in Seitenlage mit stark gekrümmten Körpern über die Unterlage rutschen. Sie sind auch relativ gute Schwimmer, wobei sie ihren Körper abwechselnd einkrümmen und mit großer Kraft wieder ausstrecken. Nicht selten entdeckt man zwei Krebschen in merkwürdiger Reiterstellung: Hier hat das größere Männchen ein Weibchen geklammert und begattet es. Flohkrebse bilden besonders während der Wintermonate, wo anderes Futter knapp ist, die Hauptnahrungsquelle für viele Fischarten.

Das Flohkrebschen

Dünner Bleidraht wird konisch gewickelt, mit Faden und Lack gesichert und dient der Beschwerung. Am Körper werden durchsichtige PVC-Folien-Streifen eingebunden, oliv-orangenen Dubbing-Mix um den Faden zwirbeln und anwinden, darüber den PVC-Streifen legen und am Kopf fixieren, darüber die Draht-Rippung legen, mit der Nadel aus dem Dubbing-Material unten »Beinchen-Flusen« herauszupfen.

MATERIAL

Haken: starkdrahtig, Größe 12–16
Faden: schwarz
Beschwerung: dünner Bleidraht
Rippung: feiner Silberdraht
Körper: PVC-Folien-Strei-fen, oliv-orangener Dubbing-Mix
Kopf: Knoten mit Bindelack sichern

KAULQUAPPE

BIOLOGIE
Name Larven von Fröschen, Kröten und Molchen
Vorkommen in den meisten Gewässertypen
Zeit je nach Art März/April–Juli/August

Frösche, Kröten und Molche werden als Lurche bzw. Amphibien zusammengefasst. Das Wort »amphibisch« bedeutet »doppellebig« und bezieht sich auf das zweigeteilte Leben der Tiere: Ihre Jugend verbringen sie als fischähnliche Kaulquappen im Wasser, ihr Erwachsenendasein meist an Land. Kaulquappen entfernen sich kaum vom Ufer, wo Pflanzen und geringere Wassertiefe einen gewissen Schutz gewähren. Mitunter lässt sich eindrucksvoll beobachten, wie Fische am Ufer entlang patrouillieren – auf der Suche nach den schmackhaften und gehaltvollen Kaulquappen.

Der Marabou-Streamer

Als Schwanz zuerst die Marabou-Fibern und das Flash mit dem Faden fixieren. Danach die Hahnenfedern an der Spitze einbinden. Nun die schwarze Wolle einbinden und nach vorne winden (⅔ der Körperlänge). Dann wird die Hechel im Palmerstil nach vorn gewunden. Am Körper wird eine Bleidrahtwicklung im vorderen Drittel angebracht und mit Pfauenfibern umwickelt. Kaum ein Süßwasserfisch wurde von diesem Streamer noch nicht verführt.

MATERIAL

Haken: Streamerhaken, Größe 4, 6, 8, 10
Faden: schwarz
Schwanz: schwarzes Marabou, etwas Krystal-Flash (perlmutt, pink etc.)
Hechel: schwarze Hahnenfeder
Körper: bleidrahtwicklung, schwarze, Pfauenfibern
Kopf: mit Bindelack sichern (schwarz oder rot)

FLUSSBARSCH

BIOLOGIE
Name *Perca fluviatilis*
Vorkommen fließende und stehende Gewässer
Merkmale dunkle Querbänder, Bauch- und Afterflosse rötlich, Rückenflosse zweigeteilt je nach Art März/April–Juli/August
Zeit ganzjährig

Wir finden den anpassungsfähigen Flussbarsch in stehenden Gewässern, in Bächen bis 1000 m Höhe und selbst im Brackwasser der Ostsee. Jungtiere leben meist in Ufernähe und bilden kleinere Schwärme, während sich die großen Tiere in tiefere Zonen zurückziehen. Flussbarsche ernähren sich räuberisch: Bis zu einer Länge von etwa 15 cm fressen sie allerlei Kleintiere, größere Exemplare erbeuten hauptsächlich Fische. Aber auch der Jäger kann schnell zum Gejagten werden – Flussbarsche stehen auf dem Speiseplan anderer Raubfische, wie beispielsweise Hecht und Zander.

Der Bunny Bug

Der Schwanz besteht aus goldfarbenem Lureflash und gelben Kaninchenfellstreifen (10 cm lang), darüber orangenes Krystal Flash, seitlich je eine grizzly-naturfarbene Hahnensattelfeder.
Der Körper wird aus gelbem Kaninchenfellstreifen (14 cm lang), im Palmerstil mit festen Windungen nach vorn gewunden. Das Haar wird nach jeder Windung zurückgestrichen und vorne rundum orangefarbenes Krystal Flash oder goldenes Lureflash eingebunden.

MATERIAL

Haken: Streamerhaken, Größe 4/0–6/0
Faden: gelb
Schwanz: goldfarbenes Lureflash, gelber Kaninchenfellstreifen
Körper: gelber Kaninchenfellstreifen, goldenes Lureflash, rotes Marabou
Kopf: farbloser Lack, Augen aufgetupft: gelber und schwarzer Bindelack

MATERIAL

Bindeweise in Orange
Faden: rot
Schwanz und Körper: orangefarbener Kaninchenfellstreifen (sonst wie oben)
Wangen: orange Krystal Flash
Kopf: rot, Augen aufgetupft

SILBERNES FISCHCHEN

BIOLOGIE
Name z.B.: Ukelei (*Alburnus alburnus*) oder Moderlieschen (*Leucaspius delineatus*)
Vorkommen je nach Art in allen Gewässern
Zeit ganzjährig

Es gibt eine ganze Reihe kleiner, silbriger Fischchen, die alle in die Familie der Karpfenfische (*Cyprinidae*) gehören und oftmals einfach als »Weißfische« bezeichnet werden. Viele Arten bleiben relativ klein und sind nicht ganz leicht auseinander zu halten. Aber auch die Jungfische größer werdender Karpfenfische reihen sich ein in das Erscheinungsbild eines »kleinen, silbrigen Fischchens«. Zusammengenommen sind sie überaus häufig in unseren Gewässern und sind die Hauptbeute der räuberischen Fischarten wie Hecht, Zander, Barsch, Forelle, Döbel, Rapfen, Wels und anderer.

Der Silver-Tube

Der Körper wird aus einem flachen Silbertinsel gebunden, oder einem silbernen Mylar-Schlauch hinten mit einem roten Faden festgelegt. Über den schwarzen Haaren, die die Flügel bilden, etwas silbernes Lureflash einbinden. Der Kopf wird mit Bindelack gesichert und wahlweise können Augen aufgetupft werden.

Sie kann auf Grund ihrer Größe und Farbe typische Beutefische wie Ukelei und andere kleine Weißfische imitieren. Anstelle eines Drillings kann auch ein Einzelhaken (z. B. in Größe 4) beim Angeln Verwendung finden. Der Silberkörper wirkt wie ein »Restlichtverstärker« – daher ist das Muster auch in der Dämmerung oder bei stark angetrübtem Wasser sehr erfolgreich.

MATERIAL

Tube: Plastik oder Aluminium Tube, 2–5 cm lang
Faden: schwarz, rot
Rippung: ovales Silbertinsel
Körper: flaches Silbertinsel
Flügel: schwarzes Haar (Fuchs- oder Ziegenhaar etc.), silbernes Lureflash
Kopf: schwarz

ROTAUGE/PLÖTZE

BIOLOGIE
Name *Rutilus rutilus*
Vorkommen langsam fließende und stehende Gewässer
Merkmale Grundfärbung silber glänzend
Zeit ganzjährig

Rotaugen bzw. Plötzen sind wie viele andere Weißfische auch ausgesprochene Schwarmfische. Der Nutzen einer Schwarmbildung besteht u. a. im besseren Schutz vor Räubern: Angreifende Raubfische werden durch die große Fischmenge verwirrt und dadurch am gezielten Zuschnappen gehindert. In den Schwarm eindringende Raubfische haben am ehesten bei kranken oder verletzen Fischen Erfolg – der Angler, dem es durch die Führung der Fliege gelingt, das taumelnde Schwimmen eines geschwächten Fisches nachzuahmen, wird ebenfalls am ehesten Erfolg haben.

Die Luzi

Je härter der Einsatz, wie beim Salzwasserfischen, desto wichtiger ist die Hakenqualität. Die Flügel bestehen aus hellblauem Lureflash oder Flashabou, darüber weiches weißes Ziegen- oder Synthetik-Haar.

Darauf jeweils spärlich hellblaues und perlmuttfarbenes Krystal Flash sowie goldenes Lureflash. Die Materialien werden rundum eingebunden, bei den größeren Mustern ein Topping aus schwarzem und rotem Krystal Flash.

MATERIAL
Haken: Größe 4
Faden: weiß
Beschwerung: Kettchen- oder Bleiauge
Flügel: hellblaues Lureflash oder Flashabou, Ziegen- oder Synthetik-Haar, hellblaues und perlmuttfarbenes Krystal Flash und goldenes Lureflash
Kopf: farbloser Lack

HERING ODER SARDINE

BIOLOGIE
Name Heringsfische *Clupedei*
Vorkommen im Meer, je nach Art nahezu weltweit
Merkmale schlanke Fische, silbrige Grundfärbung
Zeit ganzjährig

Zu den Heringsfischen gehören neben dem Hering so bekannte Arten wie die Sardine und die Sprotte. Sie alle leben in Schwärmen, die riesige Ausmaße annehmen können. Diese Schwärme wandern über weite Strecken, um entweder ihrer Beute zu folgen oder aber, um ihre Laichplätze aufzusuchen. Dabei werden bestimmte Wanderwege eingehalten, und die Fische erscheinen alljährlich etwa zur gleichen Zeit am gleichen Ort. Die Zahl der den Heringen nachstellenden Räuber ist groß und reicht von Robben über Wale bis hin zu den verschiedensten Raubfischen.

Heringe bilden riesige Schwärme.

Die Baitfisch-Sardine

Den Kopf mit Epoxi-Kleber überziehen und Living Eyes (5–6 mm Durchmesser), aus dem Bastelmarkt aufkleben.

Oberschwinge: Weißes Supreme Hair oder Ultra Hair, darüber olivefarbenes Supreme- oder Ultra Hair (12 cm lang), darüber etwas schwarzes Ultra Hair, darüber rotes Krystal Flash, seitlich je eine grizzly-naturfarbene Hahnensattel-Feder / Unterschwinge: Perlmutt Flashabou, perlmutt Krystal Flash.

Ein Super-Streamer für Großhecht, Dorsch, Seelachs (Köhler), Barrakuda, Thunfisch, und Kingfish.

MATERIAL

Haken: Streamer- oder Meereshaken, starkdrahtig, Größe 4/0–6/0

Faden: weiß, reißfest

Kopf: Living Eyes

NÜTZLICHE BÜCHER FÜR FLIEGENFISCHER

Berens, Werner
Besser Fliegenfischen,
2004
Wenn Sie neue Würfe kennen lernen wollen und wissen, wie man Gewässer besser einschätzen kann, dann können Sie in diesem Buch auch als fortgeschrittener Fliegenfischer noch einiges dazulernen.

de la Porte, Frank
Fliegenbinden Schritt für Schritt,
2000
Fliegenbinden ist keine Wissenschaft, sondern mit den notwendigen Grundkenntnissen von jedem Angler zu erlernen. In 450 Abbildungen wird dieses Know-how vermittelt.

Schrodt, Jürgen
Insektenkunde für Fliegenfischer,
2003
Mit der richtigen Fliege fängt jeder Flugangler seinen Fisch. Das Buch gibt genaue Anleitung, die Insekten an Ihrem Gewässer richtig zu bestimmen. Außerdem lernen Sie, Ihre künstliche Fliege so zu führen, dass Sie das Verhalten ihres natürlichen Vorbildes richtig imitiert.

Schulte, Wolfgang
Streamerfischen,
2000
Ob auf Hecht in heimischen Gewässern oder auf Barrakuda auf den Bahamas – das Fischen mit dem Streamer zählt zu den faszinierendsten Angelmethoden überhaupt. Dieses Buch informiert umfassend über Ausrüstung, Fangtechniken Geräte- und Köderwahl.

Steinfort, Hans
Fliegenfischen für Anfänger,
1999
Dieses erfolgreiche Standardbuch zum Fliegenfischen zeigt wie Sie mit einfachen Übungen die Technik des Fliegenfischens erlernen können. Speziell für den Anfänger mit Schritt für Schritt Anleitung.

Vestergaard, Niels
Fliegenbinden leicht gemacht,
2003
In diesem Buch sind Schritt für Schritt-Anleitungen für Streamer, Nass- und Trockenfliegen, Nymphen, Küsten-, Meerforellen- und Lachsfliegen in brillanten Makroaufnahmen dargestellt.

Vestergaard, Niels
Mit der Fliege fischen,
2001
In diesem Buch erfahren Sie alles über Ausrüstung, Wurftechniken und alle Gewässer: Fliegenfischen an Flüssen, Seen und an der Küste.

NACHSCHLAGEWERKE UND UNTERHALTUNG

Bailey, John
Angebissen – ein angelnder Weltenbummler erzählt,
2002

Berens, Werner
Von Fischern und Fischen,
2004

Stinglwagner/Bachfischer
Das große Kosmos Angel- und Fischereilexikon,
2002

IMPRESSUM

Umschlaggestaltung von eStudio Calamar unter Verwendung eines Farbfotos von Frank Hecker.

Mit 50 Farbfotos von Frank Hecker und 4 Farbfotos von Wolfgang Schulte (S. 3, 6, 9 und 10).

Alle Angaben in diesem Buch erfolgen nach bestem Wissen und Gewissen. Sorgfalt bei der Umsetzung ist indes dennoch geboten. Der Verlag, die Autorin und die Herausgeber übernehmen keinerlei Haftung für Personen-, Sach- und Vermögensschäden, die aus der Anwendung der vorgestellten Materialien und Methoden entstehen können.

Bibliografische Information Der Deutschen Bibliothek
Die Deutsche Bibliothek verzeichnet diese Publikation in der Deutschen Nationalbibliografie; detaillierte bibliografische Daten sind im Internet über http://dnb.ddb.de abrufbar.

ISBN 3-440-09311-5
Redaktion: Ben Boden
Gestaltungskonzept: eStudio Calamar
Printed in the Czech Republic / Imprimé en République tchèque